L'EXPROPRIATION

POUR CAUSE D'UTILITÉ PUBLIQUE

ET LES

EAUX DE LA SOMME-SOUDE

DE LA DHUIS

DU SOURDON ET DU SURMELIN

ÉPERNAY

TYPOGRAPHIE NOEL-BOUCART, RUE DES FUSILIERS, 32.

—

1862.

L'EXPROPRIATION

POUR CAUSE D'UTILITÉ PUBLIQUE

ET LES

EAUX DE LA SOMME-SOUDE

DE LA DHUIS

DU SOURDON ET DU SURMELIN

ÉPERNAY

TYPOGRAPHIE NOEL-BOUCART, RUE DES FUSILIERS, 32.

1862.

L'EXPROPRIATION

ET

LES EAUX DE LA SOMME-SOUDE

DE LA DHUIS

DU SOURDON ET DU SURMELIN

I.

M. le Préfet de la Seine poursuit avec l'énergie et la persévérance qui président à la vaste administration dont il est chargé, l'exécution d'un projet d'alimentation de la Ville de Paris par des eaux empruntées à des sources diverses, et entr'autres par celles de la Somme-Soude, du Sourdon, du Surmelin et de la Dhuis.

Vivement attaqué, vivement défendu, ce projet, il ne faut pas se le dissimuler, a reçu un commencement d'exécution et une confirmation très-grave par le décret récent qui déclare *d'utilité publique* la dérivation de la Dhuis, et autorise les mesures préalables d'expropriation dans l'intérêt de la Ville de Paris.

Insuffisantes pour l'alimentation de la capitale, les eaux de la Dhuis devront nécessairement se grossir d'affluents qui compléteront le système de M. le Préfet de la Seine, et, sans calomnier personne, il est permis de croire que si la réalisation du projet a débuté par elles, c'est uniquement parce que. sur ce point, la résistance des intérêts, à peine éveillée, si elle n'était pas complètement nulle, devait présenter moins d'obstacles à la déclaration d'utilité publique et à l'exécution des plans de la Ville de Paris.

Ce serait donc se faire illusion que de croire hors d'atteinte les intérêts qui depuis bientôt dix ans, depuis cinq ans surtout, se sentent menacés par ces plans. A Dieu ne plaise que nous révoquions en doute les intentions équitables et bienveillantes de l'Empereur et ses paroles qui, transmises au Conseil général de la Marne, sont venues calmer l'inquiétude des populations. Si, comme l'affirme une lettre récente d'un honorable député de ce département (M. le général Parchappe), « l'Empereur a dit et « répété plusieurs fois, qu'il ne donnerait jamais « l'autorisation d'enlever une goutte d'eau de la « Somme-Soude et des cours d'eau si nécessaires

« au département, » il faut *croire* et attendre avec confiance ce que l'avenir réserve aux projets de la Ville de Paris. Mais, sans s'écarter du respect dû au Souverain, ne peut-on penser que ceux qui ont été les échos et les interprètes de ces paroles, leur donnent un sens trop absolu ? Ce qui est certain, c'est que les projets persistent ; c'est que aux attaques nouvelles dont ils sont l'objet, la Ville de Paris oppose des réfutations dont l'étendue et l'autorité manifestent avec éclat et l'importance qu'elle y attache et son inébranlable résolution de ne pas s'en laisser détourner. Sans doute, les ingénieurs de la Ville de Paris déclarent n'en vouloir qu'à la nappe souterraine, dont l'existence et la richesse, affirmées par eux, sont contestées par l'ingénieur du département, M. Dugué ; sans doute, l'an dernier, ils ont déclaré que leurs recherches ne seraient faites qu'à un kilomètre des rivières et des cours d'eau ; que les puits ne se relieraient pas entre eux, qu'ils ne prendraient que les eaux surabondantes, sans altérer le débit des rivières ; sans doute tout cela peut sembler rassurant pour les vallées arrosées, fécondes, enrichies par la Somme-Soude ; mais, il faudrait être doué d'un optimisme par trop naïf, pour oublier qu'en 1858 le projet, résumé dans un article du journal *la Patrie*, était, disait-on, « de prendre
« *dans le département de la Marne* les eaux de la

« Somme, de la Soude, du Sourdon, de la Dhuis
« et autres petites rivières *qui traversent des cam-*
« *pagnes peu productives et peu peuplées.* » Il est
impossible d'oublier davantage les acquisitions
faites depuis lors, par la Ville de Paris, des propriétés où se trouvent quelques-unes des sources
alimentaires de ces cours d'eau. Il serait imprudent
de ne pas tirer de ces faits les inductions naturelles
qui y sont contenues, et de considérer comme à
jamais conjuré le péril dont se sont émues si vivement depuis cinq années ces *campagnes si peu pro-*
ductives et si peu peuplées, au dire de M. le Préfet de
la Seine. Nous voulons croire que les mesures pro-
posées l'an dernier par lui et à la suite desquelles a
été prise, le 2 septembre 1861, une délibération
du Conseil général de la Marne, ne sont pas des
actes de temporisation habile, destinés à calmer les
appréhensions, à accoutumer les esprits à la réalisation de projets inquiétants; mais, à notre avis, il y
aurait imprudence à croire les eaux de la Somme-
Soude à l'abri des entreprises de la Ville de Paris,
et c'est le devoir de ceux qui représentent les campagnes vivifiées par ces eaux, de les défendre
contre un danger possible, sinon certain : tant mieux
si leurs craintes sont vaines, et si leurs attaques s'a
dressent à des fantômes !

Toutefois, ce n'est pas au point de vue pratique

que nous entendons examiner ces projets, c'est à la science de prononcer entre les eaux de la Seine et celles des cours d'eaux auxquels M. le Préfet donne la préférence ; c'est aux conseillers de la Ville de Paris de juger si les avantages hygiéniques et financiers, mis en avant, compensent l'énorme dépense qu'entraineront l'acquisition des sources, les indemnités à payer aux riverains des cours d'eaux et surtout la construction de cet aqueduc immense, dont la grandeur..... romaine, pourrait-on dire, paraît avoir surtout tenté la légitime ambition de M. le Préfet de la Seine. Ce que nous nous proposons uniquement de rechercher, quant à nous, c'est, d'une part si, par leur nature propre, et en vertu des principes qui les régissent, les cours d'eau menacés, n'échappent pas à toute *appropriation* au profit de la Ville de Paris ; et, d'autre part, si cette *appropriation* peut avoir lieu par voie *d'expropriation pour cause d'utilité publique prononcée par décret.*

Pour discuter, en droit, ces questions, il suffirait peut-être de rappeler que les cours d'eau dont il s'agit, ne coulent ni sur le territoire de la ville de Paris, ni sur celui du département de la Seine ; on nous pardonnera cependant d'ajouter, à ce premier fait essentiel et décisif, quelques indications utiles, sinon nécessaires.

Les campagnes que traverse la Somme-Soude ne sont pas aussi peu productives et aussi peu peuplées qu'on le suppose, « 26,695 habitants, répartis sur « un vaste territoire divisé en 54 communes, » ne peuvent être traités avec ce dédain. 1,362 hectares sont irrigués par les eaux de cette petite rivière, et « ce chiffre devra être prochainement « augmenté de 200 hectares de terres situées au « fond des vallées, si l'on veut mettre les prairies « naturelles en rapport avec l'étendue des terres « arables, qui n'embrassent pas moins de 35 à « 40,000 hectares (1). » Elle met en mouvement 65 établissements industriels, moulins, papeteries et autres. Qui peut dire, en outre, jusqu'où les vapeurs qui se dégagent de son lit, jusqu'où l'humidité qui pénètre ses rives et circule dans le sol portent la vie et la fécondité dans ces terres arides de la Champagne que traverse la Somme-Soude ! Pour se rendre compte de l'influence qu'elle exerce sur cette partie du pays, on peut recourir à un moyen simple et infaillible. Que l'on gravisse la montagne, au bas de laquelle sont assis Avize, Oger, le Mesnil et Vertus, et que de là on embrasse d'un coup d'œil l'immense plaine étendue sous les pieds de l'observateur. Sur les rives de ces petits cours d'eau,

(1) Rapport de M. Dugué, ingénieur en chef de la Marne.

ombragées par une végétation florissante, se groupent ces 54 villages avec leur population nombreuse, active, aisée, dont la terre récompense les labeurs, parce qu'une force naturelle placée là par la Providence, leur vient en aide. Au-delà, le regard attristé n'aperçoit que de vastes espaces arides et désolés, presque sans culture, sans végétation et sans habitants. Le jour où les eaux de la Somme-Soude auront été dérivées au profit de la Ville de Paris, cette solitude et cette désolation s'étendront par la force des choses. Privées d'eau, les prairies disparaîtront, le bétail avec elles, avec le bétail l'engrais qu'il procure. Le sol, de jour en jour, sera rendu à son aridité primitive, et la population découragée fuira cette terre ingrate que ses sueurs seront désormais impuissantes à féconder. Ce ne sera pas au lendemain même de la réalisation des projets de la Ville de Paris que ces résultats se produiront : ils seront lents, graduels, mais infaillibles, et l'on aura ainsi indirectement exproprié sans indemnité possible un territoire tout entier et ses habitants !

Ces conséquences, si fatales en *fait*, sont-elles possibles en *droit ?*

Au premier aspect, l'affirmative semble incontestable. Comment nier, en la supposant nécessaire, l'utilité publique de l'entreprise projetée par la Ville de Paris ; comment surtout méconnaître le droit qui appartient à l'Empereur de décréter cette utilité publique ; et, ces prémisses posées, qui donc oserait soutenir que l'expropriation ne peut pas atteindre les eaux de la Somme-Soude, en compensant par une indemnité les souffrances, exagérées ou non, des populations qui se plaignent ?

Tout cela, nous en convenons volontiers, paraît évident et irrésistible ; mais la réflexion modifie ces impressions et les contredit.

On l'avouera d'abord, pour qu'une chose puisse être expropriée, il ne suffit pas que l'utilité publique y trouve son compte, il faut, et c'est la première de toutes les conditions, il faut qu'elle soit *expropriable* (si on nous permet ce barbarisme), c'est-à-dire que la loi ne l'ait pas mise en dehors de celles que peut atteindre l'expropriation pour cause d'utilité publique.

Supposons, par exemple, qu'il existe un ouvrage dont la première édition, tirée à petit nombre d'exemplaires, soit complètement épuisée ; que cet ouvrage renferme des beautés de pensée ou de style si éclatantes, enseigne des vérités si précieuses, qu'il y ait, à le vulgariser, un véritable intérêt social. L'auteur se refuse, soit à l'éditer lui-même, soit à en céder la propriété à l'État ; prétendra-t-on que l'expropriation pour cause d'utilité publique peut vaincre sa résistance et lui arracher sa chose moyennant indemnité ? Personne, croyons nous, dans l'état de notre législation, n'oserait le soutenir. Ce que nous disons d'une œuvre littéraire est vrai d'une propriété industrielle, d'une invention, de ce qu'on appelle généralement *droits ou biens incorporels*, et même *des choses purement mobilières*, en vue desquelles, très-certainement n'ont pas été créées les dispositions des lois relatives à l'expropriation pour cause d'utilité publique.

Il y a donc des choses, des droits que ne peut entamer, même au nom de l'intérêt collectif, cette violence légale et légitime qu'on appelle l'expropriation.

Les eaux courantes et les droits qui appartiennent sur ces eaux aux populations riveraines sont-ils au nombre de ces choses *inexpropriables ?*

Pour résoudre la question, il faut se demander ce qu'est l'expropriation pour cause d'utilité publique. Qu'est-ce donc, sinon la translation d'une propriété du domaine privé au domaine public, une aliénation, en un mot, d'une nature et d'une forme particulières. S'il en est ainsi, comment en admettre l'application là où il n'y aurait pas une propriété privée susceptible d'être cédée, même par le libre consentement de celui auquel elle appartient ?

Par l'expropriation, la chose ne change pas de nature, elle change seulement de maître, et de propriété privée devient propriété publique, propriété de l'État, du département, de la commune, l'utilité publique déclarée et ses conséquences ne peuvent lui communiquer des qualités qu'elle n'avait pas.

Ceci posé, voyons ce que sont des eaux courantes comme la Somme-Soude, la Dhuis ou le Surmelin.

Ne sont-elles pas évidemment au nombre de ces choses qui demeurent dans la communauté négative du genre humain, *res communes*, « que personne ne possède et ne peut posséder, c'est-à-dire qui ne sont pas susceptibles d'un droit de propriété » (Demolombe, tome IX, n° 461) ; qui n'appartiennent à personne et dont l'usage est commun à tous, comme le dit l'article 714 du Code Napoléon ?

On peut soutenir sans doute avec de graves autorités que les cours d'eau et les rivières non navigables ni flottables sont susceptibles d'appropriation. Les uns en attribuent la propriété à l'État, sous la réserve de l'usage des eaux au profit des riverains, d'autres enseignent que ces derniers sont propriétaires et du lit et des eaux qui y sont contenues. Mais l'opinion qui prévaut dans la jurisprudence est celle qui les proclame *res nullius* et les laisse dans la communauté négative. Propriétés du seigneur

avant 1789, elles ont été rendues par les lois du
22 décembre 1789, 12-20 août et 26 février, 4 mars
1790, à leur destination providentielle.

A quelque point de vue qu'on les considère, dans
leurs rapports avec les besoins naturels, ou avec
ceux de l'agriculture et de l'industrie, elles sont
affectées par la Providence à l'usage de tous les
hommes ; et, comme le dit M. Dufour (t. iv, n° 440),
« l'accomplissement de cette destination ne saurait
se concilier avec une *appropriation*. Si les riverains
d'un cours d'eau, même non navigable, pouvaient
en disposer à leur volonté, l'esprit d'égoïsme et
d'envahissement dilapiderait bien vite, suivant la
remarque de M. Foucart, un trésor qui doit profiter au plus grand nombre. De là l'obligation de reconnaître que les courants d'eau résistent à l'empreinte de la propriété privée. »

Telle est, au surplus, la doctrine de la Cour de
cassation, consacrée par deux arrêts des 10 juin 1846
et 17 juin 1850, au premier desquels nous emprun-
tons ses motifs :

« Attendu qu'un cours d'eau se compose essen-
tiellement et de ses eaux et du lit sur lequel elles
s'écoulent ; que les eaux et leur lit forment par leur
réunion, et tant qu'elles subsistent, une seule et
même nature de biens, et doivent, à moins d'une

volonté contraire, exprimée formellement par la loi,
être régis par des dispositions identiques ;

« Attendu que l'article 644 du Code confère à
celui dont la propriété borde un cours d'eau non
navigable ni flottable le droit de se servir de l'eau à
son passage, pour l'irrigation de sa propriété, et à
ceux dont cette eau traverse l'héritage, le droit d'en
user dans l'intervalle qu'elle y parcourt, à la charge
de la rendre à la sortie de leurs fonds à son cours
ordinaire ;

« Attendu que ces droits d'usage, spécifiés et limi-
tés, sont exclusifs du droit à la propriété du cours
d'eau ;

« Attendu que, d'après l'article 563 du même
Code, lorsqu'une rivière, même non navigable et
flottable, se forme un nouveau cours, en abandon-
nant son ancien lit, les propriétaires du fonds nou-
vellement occupé prennent, à titre d'indemnité,
l'ancien lit abandonné ; que cette attribution faite
par la loi démontre qu'elle ne considère pas l'ancien
lit abandonné comme appartenant aux propriétaires
de cet ancien lit ;

« Attendu que les cours d'eau non navigables ni
flottables n'appartenant point aux propriétaires riverains, d'après les dispositions ci-dessus, ils rentrent dans la classe des choses qui, aux termes de
l'article 714 du Code civil, n'appartiennent à per-

sonne, dont l'usage est commun à tous, et dont la jouissance est réglée par les lois de police. »

Le Conseil d'État (ordonnance du 17 décembre 1847, et décret du 13 août 1851), décide également que les cours d'eau, et en particulier les rivières non navigables ni flottables ne sont pas susceptibles d'appropriation.

S'il en est ainsi, comment pourrait-on les exproprier, c'est-à-dire les approprier à la Ville de Paris, en faire sa propriété exclusive. De ce qu'on l'aura fait, au nom de l'utilité publique et en observant les règles prescrites en pareil cas, il n'en sera pas moins certain que les eaux courantes seront sorties de la communauté négative à laquelle elles appartiennent, qu'elles seront entrées dans un domaine, qui, pour être celui d'une capitale, n'en est pas moins un domaine particulier ; qu'on aura approprié encore une fois ce qui n'est pas susceptible d'appropriation. Ce qui n'est pas moins vrai, et paraîtra plus évident peut-être, c'est qu'on aura affecté exclusivement aux besoins des habitants de Paris ce qui, de sa nature, n'appartient à personne et dont l'usage est commun à tous.

Ce n'est pas tout : quand on se rend compte des droits dérivant de cette *communauté négative*, à laquelle les cours d'eau appartiennent, de cet *usage commun à tous*, et qu'on le rapproche des règles de l'expropriation pour cause d'utilité publique, on comprend mieux encore, s'il est possible, à quel point elle est inapplicable et impraticable.

Que désignera-t-on dans le plan déposé, conformément à l'article 5 de la loi de 1841, dans le jugement d'expropriation, dans l'extrait publié aux termes de l'article 15 ? à qui fera-t-on les offres d'indemnité prescrite par l'article 23 ?

Sera-ce uniquement aux riverains, dont les propriétés sont arrosées ou arrosables, aux usiniers auxquels on enlèvera leur force motrice ?

Une application aussi restreinte du principe d'indemnité soulèverait d'unanimes et légitimes protestations ; elle serait en désaccord avec la loi, car si l'article 644 du Code Napoléon semble limiter l'usage des eaux courantes à la propriété qu'elles traversent, ou dont elles sont riveraines, il ne faut pas oublier qu'aux termes de l'article 714, l'usage en est *commun à tous*, comme étant la *propriété* commune de *tous*. N'a-t-il pas un droit, celui qui vient y puiser pour satisfaire ses besoins personnels, qui y abreuve son bétail ; n'ont-ils pas un droit tous ceux auxquels ces eaux profitent directement ou indirectement, dont les terres sont arrosées et fécondées par l'humidité qui s'en dégage, qui les pénètre par infiltration, où se répand sur elles en rosée bienfaisante ? La loi sur l'expropriation pour cause d'utilité publique n'a rien prévu pour cela ; qu'en conclure, sinon qu'elle est inapplicable à une chose qui n'appartient et ne peut appartenir à personne, mais dont l'usage est commun à tous.

Tel est le premier aspect de la question ; voici le second :

A supposer qu'il y ait là une chose susceptible d'appropriation, l'expropriation peut-elle en être décrétée pour cause d'utilité publique en faveur de la Ville de Paris ?

Hâtons-nous de le dire, le sénatus-consulte du 25 décembre 1852 ne change en rien les termes de la solution du problème. Il a gravement innové sans doute en conférant à l'Empereur le droit d'ordonner ou autoriser tous les travaux d'utilité publique sans distinction, notamment ceux désignés par l'article 3 de la loi du 3 mai 1841. Ce qui n'était possible qu'en vertu d'une loi l'est aujourd'hui en vertu d'un décret. Et pourtant le pouvoir législatif intervient encore pour accorder le crédit ou ratifier l'engagement, là où les travaux et les entreprises ont pour condition des engagements ou subsides du Trésor. Mais ces innovations n'ont point altéré les principes essentiels de la matière, et là où, sous l'empire de la loi de 1841, il n'y avait pas lieu à expropriation pour cause d'utilité publique, elle n'est pas devenue possible sous l'empire du sénatus-consulte de 1852. En d'autres termes, l'Empereur déclare l'utilité publique des travaux, il ne la crée pas, il n'en crée pas les conditions; elles préexistent dans la loi qui les détermine, dans les dispositions du Code Napoléon, dans celles de la loi d'expropriation pour cause d'utilité publique. Le décret qui ordonne ou autorise les travaux n'est que la mise en œuvre par le pouvoir exécutif de ses dispositions qui dominent et limitent son action.

Il faut donc rechercher si les travaux projetés par la Ville de Paris, sont, d'après nos lois, au nombre de ceux qui autorisent l'expropriation pour cause d'utilité publique de propriétés ou de droits situés dans le département de la Marne, ou dans toute autre partie du territoire de l'Empire qui n'est pas le territoire de Paris ou du département de la Seine.

L'utilité publique, quoique aucun texte précis ne la définisse, n'est pas chose arbitraire et capricieuse; et quand on interroge avec soin les lois qui, soit avant, soit depuis 1789, ont imposé aux citoyens la cession forcée de leur propriété moyennant indemnité, il est facile de se rendre compte de leur esprit et de leur but et de déterminer les cas dans lesquels l'expropriation pour cause d'utilité publique peut s'exercer, aux dépens de la propriété privée, en faveur de l'État, du département ou de la commune.

Elle a pour base la subordination de l'intérêt individuel à l'intérêt collectif; elle suppose, de la part de l'homme vivant en société, l'engagement de ne pas se refuser à un sacrifice personnel, nécessaire à l'*utilité de tous*, et par conséquent à l'utilité de celui-là même auquel le sacrifice est imposé. Ce qui la justifie, ce n'est pas seulement l'*indemnité préalable*, promise par l'art. 545 du Code Napoléon, et que commandait la plus vulgaire équité. L'indemnité, c'est l'équivalent, la représentation pécuniaire de la chose dont l'expropriation s'empare ; il y a, en dehors d'elle, une considération qui légitime la violence faite au droit individuel, au nom de l'intérêt collectif ; c'est l'*utilité* que l'individu lui-même retire du sacrifice qu'il subit, utilité directe ou indirecte, mais certaine, car ce qui profite à la collection tout entière, à la *généralité de ses concitoyens*, doit nécessairement lui profiter, l'intérêt collectif comprenant l'intérêt de chacun.

Le trait distinctif auquel se reconnaît l'expropriation pour cause d'utilité publique, dans ses rapports avec la propriété privée qu'elle peut atteindre, est donc celui-ci : le profit direct ou indirect qu'en peut recueillir le propriétaire exproprié. Là, où ce profit existe, l'expropriation est légitime et possible ; là, où le profit n'est pas, le sacrifice ne peut être demandé.

Les conséquences se déduisent naturellement et logiquement.

L'utilité publique n'est pas d'une seule espèce, quoiqu'un seul mot serve à l'exprimer.

Il y a l'utilité publique *communale* limitée à cette agglomération de territoire et d'intérêts qu'on appelle une *commune*.

Il y a l'utilité publique *départementale* ;

Il y a enfin l'utilité publique *générale collective* qui s'étend à l'État, à l'Empire tout entier.

Eh bien, à chacune de ces *utilités publiques spéciales, différentes l'une de l'autre,* correspond en quelque sorte une *expropriation spéciale* aussi, dont la sphère d'action a pour limite nécessaire l'intérêt auquel elle s'applique.

Là où le travail, où l'entreprise intéresse l'État, la généralité des citoyens, l'expropriation peut indistinctement frapper à toutes les portes, et s'emparer des propriétés sur quelque point que ce soit du territoire, parce que, dans ce cas, il n'est pas un citoyen qui puisse nier l'utilité indirecte pour lui-même d'une œuvre dont l'utilité collective est incontestable. Telles sont les routes impériales, les canaux, les chemins de fer, les télégraphes, les ports et les places de guerre.

Mais en est-il de même de travaux d'une *utilité publique relative*, c'est-à-dire qui n'intéresse qu'un département, un canton, et *surtout une commune ?* Qui l'oserait soutenir ? En quoi les habitants des vallées qu'arrose la Somme-Soude pourraient-ils profiter, même indirectement, de l'alimentation, par les eaux de cette rivière, d'une ville comme Versailles, par exemple ? En rien, évidemment, et si le problème se posait sur une telle hypothèse, nous osons l'affirmer, la solution n'en serait pas un moment douteuse.

Qu'opposera-t-on à cette théorie si simple et si rationnelle, au moins en apparence ? On dira sans doute que Paris n'est pas une commune ordinaire, qu'elle est le cerveau et le cœur de la France, le siége du Gouvernement, la capitale de l'Empire, qu'à ce titre son intérêt constitue un intérêt public général du même ordre que celui de l'État auquel il se lie étroitement, et que l'utilité publique une fois reconnue à son profit, l'expropriation nécessaire pour lui donner satisfaction doit s'étendre à tout le territoire de l'Empire.

Assurément, Paris ne ressemble à aucune autre commune, et nous sommes loin de méconnaître son importance politique ; mais, *en droit,* Paris n'est cependant autre chose qu'une commune, plus vaste, plus riche, plus brillante qu'une autre. Elle a son existence, ses droits et ses obligations distinctes de ceux de l'État, avec lequel il est impossible de la confondre. Sans cela, son administration, au lieu d'être confiée à un préfet et à une commission municipale, formerait une division d'un ministère quelconque. Est-ce que le budget de l'État, c'est-à-dire le fonds commun de tous les citoyens, paie ses édifices, ses palais, ses services? Nullement. Si parfois l'État contribue à certaines de ses dépenses, c'est qu'elles s'appliquent à des travaux où l'utilité publique collective se confond avec l'utilité municipale, comme ses grandes voies de communication, considérées comme des prolongements ou des annexes des routes impériales, c'est-à-dire de la grande voirie, et qu'il est juste que l'État concoure de ses deniers à des œuvres qui profitent à tous et non pas exclusivement aux habitants de Paris.

De deux choses l'une, ou l'entreprise projetée par la Ville de Paris n'exige ni *engagements ni subsides de la part du Trésor*, et, dans ce cas, elle est exclusivement municipale ou départementale, car les frais en seront exclusivement supportés par la ville ou par le département.

Dans ce cas, le droit d'expropriation doit être renfermé dans les limites de la ville ou du département; il ne peut s'étendre au dehors et s'imposer, malgré eux, à des citoyens ou à des propriétés qui, placés hors du département ou de la Ville, ne doivent pas tirer de l'expropriation *l'utilité directe ou indirecte*, sans laquelle le sacrifice de leur droit n'est pas justiciable.

Ou cette entreprise intéresse l'État en même temps que la ville de Paris, mais alors, il faut le dire. Dans ce cas, apparemment, les frais n'en seront pas supportés uniquement par la Ville ou le département de la Seine ; elle nécessitera des engagements ou des subsides du Trésor, et, avant la mise à exécution, l'engagement aura dû être ratifié ou le crédit accordé par une loi, c'est-à-dire par le Corps législatif (art. 4 du sénatus-consulte du 25 décembre 1852). Alors, nous le reconnaissons, l'expropriation pourra s'imposer aux riverains de la Somme-Soude ; jusque-là, et si le travail demeure, ce qu'il paraît être aujourd'hui, un travail d'utilité publique municipale ou départementale, soldé par le budget de la Ville ou du département, le droit d'expropriation, nous le maintenons, est limité par le caractère même de l'entreprise, et ne peut rayonner jusque dans le département de la Marne.

Est-ce donc là quelque chose d'étrange et qui ne réponde à rien dans l'ensemble de notre organisation politique ? Est-ce que le citoyen, étranger à la commune par son domicile ou ses propriétés, supporte une part des dépenses ou des charges municipales ? Est-ce que le département recrute dans le

même but des contribuables en dehors de ses limites?
Non, assurément. Eh bien ! l'expropriation pour
cause d'utilité publique est une charge, les citoyens
la supportent comme toutes les autres, en vertu des
mêmes principes généraux et des mêmes règles de
justice distributive ; *tous y contribuent quand tous
en profitent ;* c'est une question de *doit* et *d'avoir*,
pour ainsi dire ; aux habitants de la commune , les
dettes communales ; à ceux du département, les dettes
départementales ; aux citoyens de l'État , les dettes
et les charges de l'État.

La loi sur l'expropriation est en harmonie parfaite avec ces idées.

S'il s'agit de grands travaux d'utilité générale ,
l'enquête s'étend et se généralise (art. 8, 9 et 10,
loi de 1841).

Dans le cas où l'expropriation est demandée par
une commune, et dans un intérêt purement communal, l'enquête se localise ; il n'est plus question,
comme dans le premier cas, de commissions prési-
dées par les sous-préfets et composées de quatre
membres du conseil général ou d'arrondissement,
du maire de la commune où les propriétés sont situées, et de l'un des ingénieurs chargés de l'exécution des travaux. Les formes sont plus sommaires
et plus simples. Le maire transmet le procès-verbal,
prescrit par l'article 70, avec l'avis du conseil mu-

nicipal au sous-préfet, qui l'adresse au préfet, avec ses observations (Art. 12 de la loi.).

Pourquoi cela, sinon parce que l'expropriation ne peut dépasser les limites territoriales de la commune ?

Et peu importe le travail ; qu'il soit modeste ou grandiose ; qu'il entraîne une dépense médiocre ou colossale ; ce qui détermine sa nature et les obligations qui en dérivent, ce n'est pas son importance, c'est son caractère, ou, pour parler comme la loi, son intérêt *purement communal.*

Or, tel est évidemment le projet de la Ville ou de la *Commune* de Paris. A quoi est-il destiné ? A alimenter d'eau les habitants, les maisons, les édifices de la cité, c'est-à-dire à satisfaire des besoins locaux. Où donc y aura-t-il un intérêt *purement communal,* si ce n'est celui-ci ?

Ces considérations ne sont pas les seules qui condamnent l'extension de l'expropriation aux eaux de la Somme-Soude ; il en est une autre qu'il nous suffira d'énoncer peut-être, sans lui donner les développements dont elle serait susceptible.

Il ne s'agit pas, en réalité, d'exproprier deux ou trois cents citoyens de tout ou partie de leur propriété ; il s'agit de déposséder une contrée tout entière, représentée par 54 communes et par une population de plus de 26,000 habitants, de l'eau nécessaire à sa prospérité ; disons mieux, à sa vie. Il n'y a pas là quelques intérêts individuels en lutte avec un intérêt collectif, à supposer que l'entreprise de la Ville de Paris ait ce caractère.

Il y a vraiment deux intérêts généraux en présence : Or, pourquoi l'un des deux cèderait-il à l'autre ? Égaux en même temps qu'ils sont opposés, ils se neutralisent ; et, comme le dit avec raison l'auteur d'une Réponse aux Documents relatifs aux eaux de Paris (1), c'est le cas d'appliquer le vieil adage : *Bien public contre bien public ne vaut*, et de maintenir dans le droit celui qui a la possession : *In eâdem et pari causâ melior est possidentis.*

Tels sont, rapidement indiqués, les motifs qui, selon nous, interdisent à la Ville de Paris de s'emparer des cours d'eau de la Champagne. Ils ne peuvent devenir sa propriété particulière, car ils échappent à toute appropriation ; on ne peut les affecter à l'usage exclusif des habitants de Paris, car ils sont *res communes*, et leur usage est commun à tous. Eussent-ils le caractère d'une propriété privée, l'expropriation ne pourrait les saisir qu'autant que l'entreprise constituerait une œuvre d'utilité générale

---

(1) M. Thiénot, notaire à Montmirail, dont le travail renferme des détails pleins d'intérêt et qui font l'éloge de l'érudition de l'auteur.

collective, exécutée ou stipendiée par l'État. Elle n'est qu'un travail d'intérêt communal, et ceux-là seuls peuvent être contraints de lui céder leurs propriétés ou leurs droits, qui habitent la commune ou y possèdent.

C'est une grande chose, sans aucun doute, que de capter dans un département éloigné des sources isolées, des cours d'eau épars, de les réunir et de les amener à Paris à l'aide d'un aqueduc de 150 kilomètres de parcours ; mais il y a quelque chose de plus grand encore, c'est le respect de l'intérêt d'autrui et de la loi qui le protége !

A. MATHIEU,

Avocat à la Cour impériale,
Membre du Conseil général de la Marne.

II.

A M. le Rédacteur en chef du DROIT.

Monsieur le Rédacteur,

Dans ses numéros des 24 et 27 mai, la *Gazette des Tribunaux* combat les idées auxquelles vous avez bien voulu prêter le concours et l'appui de votre publicité. Loin de m'en plaindre, je suis tenté de m'en réjouir. Le silence d'un adversaire, en effet, à moins qu'il ne soit un habile calcul, n'est-il pas le signe de l'indifférence ou du mépris ? On n'essaie de détruire que ce qui résiste et présente sinon la réalité, du moins l'apparence de la force. A en juger d'ailleurs par la vivacité de l'attaque, ma théorie ne semble pas avoir été jugée par tous aussi étrange que hardie, pour parler comme la *Gazette*. Quoi qu'en puisse penser, en effet, l'auteur des articles auxquels je viens répondre, cette théorie a rencontré des suffrages assez considérables pour que ma conviction en soit fortifiée. Ils me consolent même de réticences et d'insinuations qui s'efforcent d'être malicieuses et contre lesquelles je n'essaierai pas de me défendre. Bien loin de les lui rendre, je ferai à la *Gazette* l'honneur de croire que son travail est inspiré par le pur amour du Droit constitutionnel et du Droit civil, et n'a été provoqué à aucun degré par le désir de venir en aide à des projets menacés.

Ceci entendu, suivons l'auteur de l'article dans le développement de ses idées.

§ I".

Il n'y avait pas lieu à déclaration d'utilité publique.

Je le maintiens, et l'argumentation de la *Gazette* n'est pas de nature à me convertir à l'opinion contraire. Mais je n'imaginais pas, je l'avoue, avoir encouru l'espèce d'anathème qu'elle fulmine contre moi. « Ce qui est inconstitutionnel, s'écrie-t-elle, c'est d'attaquer l'usage que le pouvoir exécutif fait d'une prérogative qu'il tient de la Constitution. » Ai-je donc, en effet, méconnu les droits du souverain, et quelqu'un songe-t-il à contester qu'en vertu du sénatus-consulte du 25 décembre 1852, la déclaration d'utilité lui appartienne comme chef du pouvoir exécutif ? nullement. Et il ne s'agit pas, que je sache, de *relever les distinctions de province*, de *notre unité nationale*, de *renouveler ces tentatives de fédéralisme* qui ont été (c'est la *Gazette* qui parle), « une des excuses du mouvement de 1793. » Voilà de bien grands mots ! Que la *Gazette* se rassure : autant qu'elle, je tiens aux conquêtes de 1789, et aucune ne sera compromise parce que le Sénat aura accueilli des idées que je m'efforce de faire prévaloir. La Constitution a sagement prévu qu'un décret, rendu par l'Empereur, dans l'exercice normal de son pouvoir, le Conseil d'État entendu, pouvait être entaché d'illégalité ; elle n'a pas voulu que la loi fût exposée à cette violation, involontaire assurément, sans contrôle, sans recours, sans remède. Elle a créé un Tribunal supérieur en cela à l'Empereur lui-même, puisqu'il peut annuler ses décrets ; ce Tribunal, c'est le Sénat, gardien suprême de la Constitution et des lois, pouvoir modérateur et régulateur, chargé de veiller à ce que tous les autres ne sortent pas des limites qui leur sont tracées ; et nous nous étonnons que la *Gazette* s'adresse cette question : « L'Empereur est-il donc justiciable du Sénat ? » Oui, ses actes sont justiciables du Sénat, et c'est lui-même qui l'a voulu, avec une sagesse à laquelle il faut rendre hommage.

La *Gazette*, au surplus, l'avoue un peu plus loin, car elle ne fait pas difficulté de reconnaître que « le

Sénat a juridiction pour annuler un décret qui serait en contradiction avec les dispositions d'une loi civile. » Ai-je dit autre chose, et l'unique question n'est-elle pas, en effet, de savoir si cette contradiction existe ici, c'est-à-dire, et en d'autres termes, si la loi sur l'expropriation pour cause d'utilité publique, combinée avec les textes du Code Napoléon, qui régissent la matière, autorisent l'expropriation, au profit de la Ville de Paris, des cours d'eau non navigables ni flottables du département de la Marne, ou de toute autre partie du territoire de l'Empire autre que Paris lui-même ou le département de la Seine ; car, il ne faut pas déplacer la question : si elle s'élève, dans le sein du Sénat, à l'occasion de la Dhuis, elle a un caractère plus général en réalité, et ce serait l'abaisser et en fausser en même temps la solution que la circonscrire dans d'aussi étroites limites.

On le reconnaît : pour que la mesure prise ou projetée dans l'intérêt de la Ville de Paris soit légitime, pour qu'un décret puisse être constitutionnellement rendu, il faut, c'est la première condition, qu'il y ait *utilité publique* dans le sens de la loi. Qui donc oserait soutenir qu'un projet quelconque, parce qu'un décret lui aurait imprimé ce caractère, pourrait commander *arbitrairement* aux magistrats le jugement d'expropriation, et aux citoyens le sacrifice de leur propriété, s'il était évident, d'ailleurs, que l'*utilité publique* n'existe pas ; si le mot inscrit dans le décret n'avait d'autre but que de donner à la légalité une satisfaction apparente ; si, par exemple, c'était au profit d'un particulier que la mesure fût décrétée, personne dans ce cas, j'imagine, ne s'aviserait de prétendre que le recours au Sénat n'est qu'une révolte contre l'autorité du souverain.

Je l'ai dit, et je demande la permission de le répéter, *l'utilité publique* n'est pas une chose arbitraire. L'Empereur, qui la déclare, ne la crée pas ; il n'en crée pas les conditions : elles préexistent dans la loi qui les détermine, dans les dispositions du Code Napoléon, dans celles de la loi d'expropriation. Le décret qui ordonne ou autorise les travaux d'utilité publique n'est que la mise en œuvre, l'application par le pouvoir exécutif de principes qui le dominent et circonscrivent son action.

La seule difficulté consiste donc à bien définir *l'utilité publique* , non pas théoriquement , mais d'après la loi qui nous régit.

« La loi, me dit-on, n'a pas déterminé les cas où peut intervenir une déclaration d'utilité publique ; elle n'a pas fixé non plus les individualités au profit desquelles l'expropriation pour cause d'utilité publique peut avoir lieu. Il résulte de là que la loi ne se préoccupe pas de la personne ou de l'agglomération de personnes qui doit entreprendre tel ou tel travail ; mais qu'elle n'envisage que l'utilité que ce travail produira pour le public. En réalité, l'État a seul le droit de recourir à l'expropriation, mais il peut subroger à son droit soit un département, soit une commune, soit un simple particulier. Et comme le droit d'expropriation qui appartient à l'État s'étend à toutes les parties de l'Empire, l'État peut autoriser une commune ou une Compagnie à faire des expropriations en quelque lieu que ce soit. »

Telle est, en propres termes, la théorie de la *Gazette* sur l'utilité publique et le droit d'expropriation.

Eh bien ! qu'on nous pardonne de le dire, ou elle ne signifie rien, ou elle constitue au profit du chef du pouvoir exécutif la revendication d'un droit arbitraire et sans limites, que répudieraient, je le suppose, ses défenseurs les plus exclusifs, et dont l'honorable écrivain n'a pas eu conscience, j'en suis convaincu.

Comment ! de ce que le droit d'expropriation appartient à l'État (lisez l'Empereur) , vous en tirez la conséquence qu'il peut, sans contrôle, la promener en quelque lieu que ce soit, sur toutes les parties de l'Empire, au profit d'une commune ou d'une Compagnie, et cela, sans distinction, quel que soit le travail ou l'entreprise auxquels s'appliquera l'expropriation ! Est-ce donc, en effet, sous ce régime que nous sommes placés ?

Le vrai, selon moi, le voici :

La propriété est sacrée et inviolable, répètent à l'envi toutes nos constitutions depuis 1789. Nul ne peut être contraint de céder la sienne, si ce n'est pour cause d'utilité publique. Cette *utilité*, dans le système de la loi de 1841, une loi seule pouvait la déclarer quand il s'agissait de grands travaux publics ; une ordonnance royale suffisait quand il s'agissait de travaux de moindre importance. Aujourd'hui, et sauf quelques réserves pour le cas où les entreprises ont pour condition des engagements ou des subsides du Trésor, c'est à l'Empereur seul qu'appartient la déclaration d'utilité.

Que cette utilité puisse se rencontrer dans un travail entrepris par une commune, dans son intérêt exclusif, je ne le conteste nullement ; que dans ce cas, l'Empereur, chef du pouvoir exécutif, puisse et doive la déclarer, je ne le conteste pas davantage. J'irai même plus loin, et j'admettrai, si la *Gazette* le veut, que là où il s'agit d'un travail intéressant l'État, le département ou la commune, la constatation de son *utilité* est, de la part du pouvoir exécutif,

un acte vraiment souverain et qui ne peut être sou-
mis à aucun contrôle, à aucune révision. Mais là
n'est pas la question : autre chose est l'*utilité publique* nécessaire pour faire violence à la propriété
privée, autre chose les limites dans lesquelles cette
violence pourra s'exercer. En d'autres termes, de ce
qu'il soit d'*utilité publique* que la Ville de Paris
amène dans ses murs des eaux qui ne seront ni celles
de la Seine, ni les eaux de l'aqueduc d'Arcueil, on
ne peut pas conclure nécessairement qu'on peut,
pour atteindre ce but, lui inféoder le territoire tout
entier de l'Empire. Qu'elle exproprie ses citoyens
au nom de l'utilité publique locale de son entreprise, rien de plus conforme à la raison et à la
justice ; mais qu'elle aille, pour cela, troubler la
propriété privée à quarante ou cinquante lieues de
son territoire, on en conviendra, ce n'est pas précisément aussi simple.

« L'État, me dit-on, pourrait établir de ses propres
deniers un aqueduc conduisant les eaux dans une
ville, s'il jugeait que l'utilité publique le réclame ;
pourquoi en serait-il autrement là où les travaux
doivent être payés par le budget municipal ? C'est
une question de budget et rien de plus, mais le droit
reste le même. »

C'est supposer résolu ce qui est l'objet même du

débat. Qui ne voit d'ailleurs l'énorme différence qui sépare les deux hypothèses ? Par cela seul que l'État paye, une loi intervient et met en discussion le principe du travail aussi bien que la dépense. Si la commune est seule engagée, le décret agit seul, avec le caractère absolu, sans contrôle et sans recours, que lui assigne la *Gazette.*

Tout cela n'est pas sérieux.

Que reste-il donc ? Une seule chose, les critiques dont on poursuit la *théorie nouvelle, aussi hardie qu'étrange,* à laquelle je n'ai pas craint d'attacher mon nom.

Qu'ai-je dit ?

J'ai dit que l'utilité publique n'était pas d'une seule espèce, quoiqu'un seul mot servît à l'exprimer ; j'ai dit que les travaux exécutés dans l'intérêt d'une commune intéressaient la généralité de ses habitants et non la généralité des citoyens de l'Empire. J'ai appliqué les mêmes idées aux travaux exécutés pour un département, et j'en ai conclu que l'expropriation destinée à satisfaire ces utilités diverses, doit se régler sur elles et ne pas frapper en dehors des limites de l'intérêt qui la provoque.

« Là, ai-je dit, où le travail intéresse l'État, la généralité des citoyens, l'expropriation peut indistinctement frapper à toutes les portes et s'emparer des

propriétés sur quelque point que ce soit du territoire, parce que, dans ce cas, il n'est pas un citoyen
qui puisse nier l'utilité indirecte pour lui-même
d'une œuvre dont l'utilité collective est incontestable.
Telles sont les routes impériales, les canaux, les
chemins de fer, les télégraphes, les ports et les
places de guerre.

« Mais en est-il de même de travaux d'une utilité
publique relative, c'est-à-dire qui n'intéresse qu'un
département, un canton, et surtout une commune ;
qui l'oserait soutenir ! En quoi les habitants des
vallées qu'arrose la Somme-Soude pourraient-ils
profiter, même indirectement, de l'alimentation par
les eaux de cette rivière, d'une ville comme Ver
sailles, par exemple ? En rien, évidemment ; et si le
problême se posait sur une telle hypothèse, la solution n'en serait pas un moment douteuse. »

Ces distinctions, me répond la *Gazette*, sont la
négation de tous les principes de la matière ; où les
avez-vous trouvées ? qu'est-ce qui les autorise ? C'est
faire violence aux mots eux-mêmes que de dire
utilité publique communale, quand la loi dit simplement et sans vaines subtilités, *utilité publique*.

Où j'ai trouvé ces distinctions ? Dans la nature même des choses, dans le système général de
nos lois en matière de charges publiques. Je me suis

souvenu de ce principe, enseigné sur les bancs de l'école, et que la *Gazette* voudrait apparemment me faire oublier : Qu'on ne connaît pas la loi quand on en sait les termes ; qu'il faut, pour la comprendre et l'appliquer avec intelligence, se pénétrer de son esprit, de sa pensée. Je me suis dit qu'en matière de charges publiques, on distingue entre l'État, le département et la commune ; que l'impôt, invariable dans sa nature et dans son principe, varie dans son application, parce qu'il correspond à des services, à des utilités diverses ; que les dépenses d'*intérêt général* sont couvertes par des taxes qui frappent tous les citoyens et toutes les propriétés de l'Empire ; qu'il en est de même pour le département et pour la commune ; que toujours, en un mot, les charges publiques sont localisées et spécialisées, c'est-à-dire supportées par ceux auxquels elles profitent, et cela conformément à des principes de justice distributive que personne, apparemment, ne s'avisera de contester.

Partant de là, je me suis demandé si l'expropriation pour cause d'utilité publique, si ce sacrifice demandé au droit individuel, au nom de l'intérêt collectif, était autre chose, dans son essence, qu'une charge publique, et s'il y avait un motif pour qu'elle fût subie, c'est-à-dire répartie autrement que les impôts ; je me suis demandé enfin si l'intérêt d'une commune et l'utilité constatée, mais purement locale de ses entreprises, ˙ devait commander l'abandon de leurs droits à ceux qui n'habitent pas son territoire on n'y possèdent rien.

Répond-on à cela ? Nullement. On affirme que le mot utilité publique veut dire utilité sans distinction de commune ou de département ; que la loi a été plus clairvoyante que ceux qui se font ses interprêtes ; qu'elle n'a pas voulu créer de catégories entre les travaux pour lesquels elle autorise l'expropriation… *Elle a sagement* répudié, ajoute-t-on, ces *mots d'utilité publique départementale, d'utilité communale.*

La loi n'emploie pas ces expressions, cette *phraséologie*, comme dit la *Gazette*, cela est vrai, et je ne l'ai pas prétendu ; mais elle ne les a pas *répudiées* non plus, car jamais un débat ne s'est engagé à ce sujet ; affirmer qu'elles ne sont pas dans son esprit, ce n'est pas le prouver, quelle que soit d'ailleurs l'autorité de celui qui affirme, et je ne me crois pas tenu de m'incliner devant elle.

Un département, une commune, me dit-on, *ne sont que des individualités* de l'État ; une individualité, quelle qu'elle soit, ne peut priver un citoyen de sa propriété. Mais le corps social tout entier peut exiger l'expropriation ; c'est pour cela que la loi a voulu qu'il intervînt une déclaration d'utilité publique et non d'utilité locale.

Qu'est-ce que cela veut dire ? Sans doute, relativement à l'État tout entier, le département et la commune sont de simples individualités, si l'on veut ; mais ce sont des individualités *collectives ;* leurs intérêts, relativement aux citoyens dont l'agglomération les constitue, sont des intérêts collectifs ; leurs entreprises des œuvres d'utilité au nom desquelles l'État peut imposer l'expropriation.

Mais en quoi cela prouve-t-il que l'utilité publique reconnue au profit d'une commune lui permet de s'étendre au-delà de son territoire ?

Eh quoi ! parce qu'on appelle cela du nom d'expropriation pour cause d'utilité publique, parce que c'est le souverain qui la déclare, il faut croire avec vous que le travail, si local qu'il soit d'ailleurs, intéresse tout l'Empire ; cette affirmation est contenue dans le décret ! Substituez donc, par la pensée, à la dérivation des eaux de la Somme-Soude et aux travaux gigantesques dont elle sera l'occasion, substituez la construction d'une église de village, de l'hôtel-de-ville d'un chef-lieu d'arrondissement, et soutenez alors, comme vous le faites, que l'*utilité de tout l'Empire* veut que ces grands travaux soient exécutés; vous ne l'oseriez ! Vous choisirez, il est vrai, d'autres exemples: vous parlez de l'ouverture d'un *boulevart à Paris,* de la construction d'un *port à Marseille,* et vous dites que la déclaration d'utilité publique qui les autorise n'envisage pas seulement l'intérêt de ces deux grandes cités, mais bien celui de la France entière; je suis de votre avis, mais pourquoi? parce qu'il faut prolonger les routes impériales a travers les communes; parce que les boulevarts de Paris appartiennent à la grande voirie, et qu'à ce titre précisément ils sont ouverts et même entretenus, en partie du moins, aux frais de l'État.

Quant à la construction d'un *port à Marseille,* c'est bien autre chose vraiment ! Qui donc peut y voir une entreprise *d'intérêt purement communal,* comme si le commerce entier du pays n'y était pas intéressé, comme si un port n'était pas le rendez-vous du monde entier, comme s'il ne s'agissait pas là d'un travail *d'utilité publique,* je ne dirai pas collective, mais *universelle !*

Pour justifier mes solutions, il me suffit d'établir, et je crois l'avoir fait, que les textes de la loi ne les contredisent pas, tandis qu'elles sont en parfaite harmonie avec son esprit. Loin d'y faire obstacle, la loi spéciale sur l'expropriation pour cause d'utilité publique leur vient en aide, car elle crée des catégories véritables. Ce n'est pas seulement dans l'article 12 et à l'occasion des travaux qu'elle appelle *d'intérêt purement communal,* c'est dans l'article 3 lui-même qu'on trouve cette distinction. La *Gazette*

n'y voit qu'une *subtilité*, et c'est par grâce qu'elle
, daigne la discuter. Cette distinction repose, ainsi
qu'on vient de le voir, sur la nature même des
choses, sur l'ensemble de nos institutions en matière
de charges publiques, et peut-être cela valait-il la
peine d'être combattu autrement que par des affir-
mations tranchantes et de véritables pétitions de
principes.

Je pourrais facilement pousser plus loin cette
première partie de ma réponse ; je ne le ferai pas.

Un seul mot encore, pour en finir.

La *Gazette* invoque, contre mon interprétation, les
faits accomplis, l'exécution que la loi a reçue jusqu'ici. Les eaux de la Durance ont été amenées dans
les murs de Marseille à l'aide de travaux d'art, d'aque-
ducs passant sur le territoire de plusieurs communes.
Il en a été de même pour la ville du Hâvre, qui a
dérivé à son profit la rivière de Gournay.

Cela est vrai, ces travaux se sont accomplis sans
qu'une protestation s'élevât. En quoi cela prouve-
t-il que la loi de 1841 se prête à cette extension
exagérée du principe d'expropriation ? Qui vous dit
que, là, un intérêt légitime ait été blessé ; et si nul
n'a souffert, pourquoi s'étonner qu'aucune réclama-
tion, aucune plainte n'ait soulevé le problème que
nous discutons ? N'est-ce pas l'histoire quotidienne
de nos débats judiciaires ? Tant qu'un texte de

loi n'a pas rencontré sur son chemin un intérêt en lutte avec lui, le juge n'a point été appelé à en fixer le sens et à en déterminer la portée. La loi d'expropriation ne saurait faire exception à cette règle, et le silence dont vous vous faites une arme prouve tout au plus l'innocuité des faits accomplis. Mais ici, la souffrance est réelle; c'est une contrée tout entière qui se lève et réclame, par l'organe de ces citoyens et de ses corps constitués, et il ne faut pas s'étonner que le Sénat prenne en considération ces doléances, et veuille les soumettre à un sérieux examen. Comment, en effet, ne pas s'émouvoir un peu de cette prétention de subordonner à Paris la France entière, de faire de la propriété de nos départements son humble vassale ? Je suis, autant et plus que personne, sensible à ces créations hardies et rapides qui transforment la capitale sous nos yeux, et j'y applaudis volontiers. Mais quelque chose m'est plus cher et sacré, je l'avoue, c'est le droit, c'est l'intérêt des populations qu'on vient troubler, dans leur propriété séculaire. La loi d'expropriation ne le permet pas, c'est ma ferme conviction. Elle n'est pas née uniquement, quoi qu'en pense la *Gazette*, du désir de défendre les intérêts qu'elle sert, et je la garderai jusqu'à ce qu'une autorité souveraine s'impose à elle en proclamant mon erreur.

Mais ce n'est là qu'un côté de la question : il en est un autre. En admettant que l'utilité publique, dans l'espèce, autorise l'expropriation à s'étendre jusque dans le département de la Marne, les cours d'eau qu'elle menace sont-ils susceptibles d'expropriation ?

La *Gazette* l'affirme ; examinons son argumentation.

§ II.

Les cours d'eau non navigables ni flottables du département de la Marne sont-ils expropriables pour cause d'utilité publique ?

La divergence entre mon contradicteur et moi éclate dès le début et dans l'énoncé de la question à résoudre. « Un décret peut autoriser, dit-il, de dériver de leur cours naturel les sources d'un cours d'eau. » Et comme en fait la Ville de Paris a acheté de celui qui paraît en être le propriétaire l'une des sources de la Dhuis, l'auteur de l'article démontre, sans trop de peine, la loi, la doctrine et la jurisprudence à la main, que la Ville et son vendeur ont usé d'un droit incontestable ; que l'un a pu vendre, l'autre acheter ; que, devenue propriétaire, la Ville peut faire de sa source l'usage qui lui convient ; que les prétentions des tiers blessés par le cours nouveau si différent que la Ville entend imprimer à l'eau qu'elle a acquise, constituent une pure question du droit civil, de la compétence des tribunaux ordinaires.

Le décret n'autorise qu'une chose, les travaux nécessaires pour amener les eaux de la source à Paris. Il ne déclare pas d'utilité publique l'acquisition même de la source, par l'excellente raison que le fait était accompli en dehors de lui et sans lui ; et, ces prémisses posées, on conclut sans peine qu'il n'y a pas là une question constitutionnelle dont le Sénat puisse être saisi ; on semble même autorisé, je l'avoue, à accuser d'*inconstitutionnalité* ceux qui, faisant violence à la nature des choses, ont dénoncé au Sénat le décret du 4 mars dernier.

Mais poser ainsi la question, c'est l'éluder et se préparer un facile triomphe.

Qui donc, en effet, peut contester à la Ville de Paris le droit d'acheter du légitime propriétaire une source et d'en user ensuite à sa volonté, sauf les droits des tiers ?

Je n'ignore pas la jurisprudence que rappelle la *Gazette* ; il m'est permis moins qu'à personne de l'oublier, car j'y ai concouru dans l'affaire jugée par la Cour de Paris le 15 mai 1858 ; j'avais l'honneur de représenter la Compagnie des Eaux du Hâvre, et l'arrêt, fidèle à la doctrine de la Cour de cassation, a consacré les principes que je défendais. Mais quel était le débat ? S'agissait-il, en thèse générale, de savoir si un cours d'eau , si même les sources qui l'alimentent peuvent être expropriés pour cause d utilité publique ? En aucune façon.

Le décret déclaratif de l'utilité publique n'était pas attaqué. Un usinier inférieur, le sieur Hubin , s'était refusé à toute transaction avec la Compagnie des Eaux du Hàvre ; loin de combattre l'expropriation, il prétendait avoir droit à une indemnité, parce qu'il avait acquis, disait-il , par l'établissement de son moulin sur la rivière de Gournay, un droit d'usage , une servitude sur la source achetée par la Compagnie, et la question à juger était de savoir si, sans avoir fait, sur le fonds même du propriétaire de la source, des ouvrages apparents pour faciliter l'écoulement des eaux vers son moulin , il pouvait en avoir acquis l'usage par prescription. En d'autres termes, le debat roulait tout entier sur l'interprétation et l'application à la matière de l'article 642 du Code Napoléon.

Sans doute les arrêts rendus à cette occasion consacrent le droit absolu du propriétaire de la source d'en user à sa volonté ; sans doute on peut en induire cette conséquence que, dans la pensée des magistrats, ce droit absolu n'est ni altéré ni modifié parce que les eaux de source , s'échappant de la propriété privée et obéissant à la pente naturelle du sol, se creusent un lit et forment un ruisseau ou une rivière.

. Cependant, là surtout où il s'agit, non de la plainte d'un individu isolé, mais de populations tout entières, les considérations les plus graves ne semblent-elles pas contredire ces conclusions trop radicales ?

« Lorsque les eaux d'une source donnent naissance à une rivière navigable, ou qu'elles contribuent à rendre une rivière navigable, en augmentant notablement son volume, le propriétaire pourrait-il en détourner le cours ? » C'est là ce que se demande M. Cotelle (Cours de Droit administratif, appliqué aux travaux publics, 3e édition, p. 667); et voici ce qu'il répond : « La seule raison dit que non ; parce qu'une fois que ces eaux sont parvenues à la jouissance du public, dans une rivière navigable et flottable, elles se placent sous l'empire des réglements de l'Administration et sous sa surveillance pour leur conservation. Nul n'en pourrait impunément altérer le cours. (Loi en forme d'instruction du 12-20 août 1790 ; arrêté du Gouvernement du 19 ventôse an VI, art. 9.) Ainsi, aux termes mêmes de l'art 643 du Code Napoléon, le propriétaire d'une source ne peut en changer le cours lorsqu'elle fournit aux habitants d'une commune , d'une ville ou d'un hameau, l'eau qui leur est nécessaire. Seulement, s'ils n'en ont pas acquis ou prescrit l'usage, le propriétaire peut réclamer une indemnité. Mais lorsqu'une rivière non navigable est rendue navigable, le décret du 22 janvier 1808 , appliquant l'ordonnance de 1669 et la loi du 16 septembre 1807, n'accorde une indemnité qu'à raison du terrain qui sera pris sur les riverains, sans parler ni des eaux, ni du lit de la rivière. Ces raisons avaient été présentées judicieusement par M. Garnier, comme péremptoires contre la faculté supposée aux propriétaires des sources de les détourner, encore qu'elles forment des affluents utiles de cours d'eau navigables ou flottables. » (Traité des eaux, n°° 63 et 64.)

Est-ce une opinion méprisable, celle-là, qui s'appuie sur les lois de 1790 et de l'an VI ? et croit-on par hasard sans force les considérations qui en sont la base, là où il s'agira de cours d'eau non navigables ni flottables? Est-ce que l'article 643 du Code Napoléon n'exercerait pas, là aussi, son légitime empire? La Ville de Paris pourrait-elle, même après les avoir acquises, transporter les sources dans ses réservoirs, s'il était démontré qu'elles sont nécessaires aux habitants des valleés qui les voient naître ?

La *Gazette* s'empare de la loi de 1845 sur les ir-
rigations, et elle aperçoit, entre le projet de la Ville
de Paris et le cas pour lequel cette loi a été faite,
une très-grande analogie. Que n'y ajoute-t-elle la
loi plus récente sur le drainage ! Quoi ! parce que
le législateur, dans l'intérêt de l'agriculture et de
ses progrès, a autorisé un propriétaire à faire passer
sur les héritages voisins les eaux dont il a le droit de
disposer ; parce qu'il a créé cette nouvelle servitude
légale sur les fonds intermédiaires, vous trouvez là
un argument en faveur de la Ville de Paris? Qui ne
voit, au contraire, dans ces innovations législatives,
la volonté de maintenir les eaux là où elles sont,
d'en faire profiter et les propriétés qu'elles baignent,
et même celles qui en sont séparées par une courte
distance, et par conséquent un obstacle de plus à ce
déplacement arbitraire qui change le cours naturel
des choses, détruit l'œuvre de la Providence, et fera,
si l'on n'y met ordre, de contrées populeuses et fer-
tiles, une solitude et un désert !

Mais là n'est pas toute la question ; là n'est pas
surtout celle que j'ai traitée et qui semble avoir provoqué la réponse que je combats.

Je suppose que la Ville de Paris, impuissante à
trouver, dans les mains d'un ou plusieurs propriétaires, à acheter les sources alimentaires d'un cours
d'eau non navigable ni flottable, se décide à prendre

ce cours d'eau lui-même à l'aide de l'expropriation pour cause d'utilité publique. Est-ce possible?

J'ai répondu : non, et je maintiens cette opinion, quoiqu'on la qualifie d'*erreur manifeste.*

Manifeste en quoi et comment? C'est bientôt dit.

Est-ce parce que des sources ont été expropriées pour les besoins des communes, ou pour la création et l'alimentation des canaux? Vos exemples ne prouveraient qu'une chose, c'est que l'Autorité a jugé cela utile et légitime, et que nul intérêt n'a souffert, puisque nul ne paraît avoir protesté. Et, d'ailleurs, quant aux expropriations accomplies au profit des communes, loin d'y voir une illégalité, je serais tenté de les légitimer, s'il en était besoin, en invoquant l'art. 643 du Code Napoléon.

Mais il s'agit non des sources, mais des eaux courantes ; il s'agit de savoir si elles sont au nombre des choses communes, dont l'usage est à tous, dont la propriété n'est à personne, et qui, n'étant pas susceptibles d'appropriation, ne sont pas susceptibles non plus d'expropriation.

Non, dites-vous, elles n'ont pas ce caractère, et la loi de 1845 prouve d'une façon *péremptoire* que le législateur répudie cette théorie.

En quoi donc ? Parce que cette loi facilite au riverain les moyens de conduire l'eau dont l'usage lui appartient sur des propriétés qui sont séparées du cours d'eau par d'autres héritages, vous en concluez qu'aux yeux du législateur, cette eau n'est pas chose commune, *res nullius !* Le législateur, ne le voyez-vous pas, applique là tout simplement les articles 644 et 714 du Code Napoléon. L'usage est commun à tous, et le riverain, à raison de sa position particulière, peut se servir de l'eau courante pour l'irrigation de ses propriétés ; en quoi cela contredit-il ce principe que l'eau courante ne peut appartenir en propre à personne ?

Et puis, si la loi de 1845 avait cette signification, comment comprendre l'obstination et l'accord vraiment rares avec lesquels, en 1846, 1847, 1850 et 1851, la Cour de cassation et le Conseil d'État décident « que les cours d'eau non navigables ni flottables n'appartiennent point aux propriétaires riverains, et qu'ils rentrent dans la classe des choses qui, aux termes de l'article 714 du Code civil, n'appartiennent à personne, dont l'usage est commun à tous et dont la jouissance est réglée par les lois de police. » (Cassation, 17 juin 1850).

Vous croyez échapper, en accusant de contradiction ceux qui déclarent les eaux courantes *res nullius*, pour les soustraire à l'expropriation, et qui, ensuite, invoquent les droits du riverain pour enlever à l'État le droit de disposition de ces eaux.

La contradiction n'existe que dans votre esprit : *la propriété* des eaux courantes n'appartient à personne ; elles sont *res nullius* ; l'usage en est à tous, et le riverain dont elles dévorent la terre a sur elles un droit d'usage particulier, à titre de compensation de la servitude qui pèse sur lui. Où est la contradiction ?

Mais, dit-on, si c'est la chose de tous et si ce n'est la chose de personne, c'est alors une de ces choses communes appartenant au corps social, à l'État ; c'est une de ces choses dont le pouvoir public est chargé de régler l'usage, aux termes de l'art. 714 du Code Napoléon. Comment contester à l'État la faculté de donner à cette chose commune, à cette eau courante, la destination qu'il juge la plus utile ? Il en est ainsi, ajoute-t-on, en ce qui touche les eaux des fleuves et des rivières navigables, et personne ne songe à lui contester ce droit.

La *Gazette* sait aussi bien que moi les différences qui séparent les deux hypothèses. Les rivières navigables et les fleuves font partie du *domaine public* ; c'est en vertu de son droit de propriété que l'État en afferme la pêche, en utilise les eaux par des dérivations, et les affecte aux destinations qu'il juge conformes à l'intérêt de tous. Les cours d'eau non navigables ni flottables, notre contradicteur ne peut l'ignorer, ne sont ni une propriété privée, ni une propriété publique ; comme d'autres choses indispensables à la vie et moins saisissables, elles ont été laissées dans ce que les jurisconsultes de tous les temps ont appelé la *communauté négative*, et c'est pour cela précisément qu'on les appelle *res nullius*. L'État n'a sur elles, aux termes de l'article 714 du Code Napoléon, qu'un droit de réglementation et non de disposition ; et ce droit est limité par le principe même de la loi qui en déclare l'*usage commun à tous*. Nous le demandons, comment concilier ces principes, incontestables, j'ose le dire, avec une *expropriation* qui transporterait à la Ville de Paris soit la *propriété*, soit même simplement *l'usage exclusif* de ces eaux ? Comment demeurerait-il ce qu'il doit être, commun à tous, là où les eaux, emprisonnées dans un aqueduc, reçues à Paris dans de vastes réservoirs, serviraient uniquement aux besoins de la ville et de ses habitants ?

C'est là, quoi qu'on fasse, l'obstacle contre lequel tous ces projets doivent se briser, si, comme j'en ai la ferme espérance, on veut respecter la loi et les intérêts qui s'abritent sous son égide. Je ne pousserai pas plus loin cette discussion : j'en ai une première fois, et à dessein, écarté tout ce qui touche au fait lui-même. Je n'ai pas voulu faire parler les plaintes qui, depuis bientôt quatre années, arrivent jusqu'à moi, et dont le nombre et l'unanimité prouvent assez qu'il y a là des intérêts sérieux qui se sentent menacés. J'ai voulu demander une solution aux principes de notre droit public et de notre droit civil, pour parler comme la *Gazette*. Je les ai, comme elle, sincèrement interrogés. Un examen nouveau a fortifié ma conviction, et je persiste à croire que, dans l'état actuel de notre législation, il est impossible d'armer la Ville de Paris du droit exorbitant que l'on revendique pour elle.

A. MATHIEU,

Avocat à la Cour impériale,
Membre du Conseil général de la Marne.

III.

Paris, 5 juin 1862.

A M. le Rédacteur en chef du DROIT.

MONSIEUR LE RÉDACTEUR,

M. Charles Duverdy répond, dans la *Gazette des Tribunaux* de ce matin, à la *longue* lettre insérée sous ma signature dans votre numéro du 3. « Je me suis mépris, dit-il, sur ses articles : ils n'avaient pas pour but principal de combattre ma théorie, et ma susceptibilité, éveillée à tort, s'est plaint sans raison d'insinuations qui n'étaient pas dans la pensée de l'écrivain. » Je ne ferai pas à M. Ch. Duverdy l'injure de douter de sa parole. Il n'a été dirigé dans l'étude de ces questions par aucun motif étranger à l'étude du droit : il le dit, je le crois. Il ne m'arrivera jamais de supposer aux *autres*, dans l'expression de leurs opinions, des mobiles intéressés ; c'est un mauvais exemple que je n'ai pas donné et que je ne veux pas suivre. Ce n'est pas moi qui, avec une affectation au moins apparente, à propos d'un projet qui intéresse le département de la Marne, désignerais uniquement par le titre souligné de *conseiller général de la Marne*, un adversaire qui se nomme et décline tous ses titres. Ce n'est pas moi qui parlerais de *théories étranges et nouvelles, mais bien imaginées en vue des intérêts qu'elles servent ;* ce n'est pas moi enfin qui soulèverais ces voiles déjà si transparents dans ce nouvel article où la pensée ne se déguise plus, et il faut avouer que si ma réponse était empreinte de quelque vivacité, je serais peut-être excusable devant tout autre que M. Ch. Duverdy.

Mais laissons ces questions personnelles, indifférentes au public comme à la question, et voyons les raisons nouvelles de mon contradicteur.

D'abord, selon lui, la déclaration d'utilité publique, depuis le sénatus-consulte du 25 décembre 1852, échappe à tout contrôle ; le droit du souverain est absolu. L'utilité publique est un fait, et comment, quand elle a été reconnue par le pouvoir auquel la Constitution en a remis le soin, comment pourrait-elle être soumise à l'appréciation d'un autre pouvoir ?

Sur quelles raisons M. Duverdy appuie-t-il cette proposition radicale ?

Le voici en deux mots :

« Avant le rétablissement de l'Empire, dit-il, l'utilité publique était déclarée par une loi, quand il s'agissait de grands travaux. On aurait pu soutenir alors qu'il existait dans le Code Napoléon et dans la loi d'expropriation des conditions et des principes dominant le pouvoir législatif, et circonscrivant son action. Or, le sénatus-consulte a transféré du Corps législatif à l'Empereur la déclaration d'utilité. On fait aujourd'hui par décret ce qui se faisait auparavant par une loi ; la loi n'était pas susceptible de révision, donc il en est de même du décret. »

En y réfléchissant, M. Duverdy comprendra à quel point ce syllogisme, si tranchant en apparence, est, en réalité, peu concluant.

Au dessus du pouvoir législatif, avant le rétablissement de l'Empire, il n'y avait rien. Le souverain, c'était le *Corps législatif*. La royauté, l'un des trois pouvoirs, sanctionnait la loi et la promulguait, elle ne la créait pas. Quand donc une loi d'utilité publique avait été votée par la Chambre des députés et la Chambre des pairs, sanctionnée et promulguée par le roi, elle était la vérité, elle s'imposait au pays, elle était son œuvre. Il n'existait pas de recours possible contre elle. Où l'eût-on trouvé, elle émanait encore une fois du souverain.

Tel n'est pas le système organisé par la Constitution et le sénatus-consulte de 1852. A Dieu ne plaise que j'essaye de diminuer la part de pouvoir que ces actes mémorables ont faite à l'Empereur ; je ne suis pas de ceux qui voudraient la marchander et la discuter. Mais je ne veux pas être, comme on disait jadis, plus royaliste que le roi, et revendiquer pour l'Empereur une omnipotence dont manifestement il n'a pas voulu. Ses décrets, sans distinction, et par conséquent ceux rendus en vertu du sénatus-consulte, peuvent être déférés au Sénat. C'est la Constitution qui le proclame. Il y a donc là un recours et un Tribunal organisés par la loi fondamentale, ce qui n'existait pas, ce qui était impossible sous le régime antérieur. Comment donc peut-on assimiler deux hypothèses aussi dissemblables ?

Mais, dit-on, ce recours, c'est pour cause d'inconstitutionnalité seulement qu'il est possible. Or, le sénatus-consulte n'a pas spécifié les cas dans lesquels l'utilité publique pourrait être déclarée ; il a laissé à cet égard au pouvoir impérial une latitude absolue ; comment, là où il use d'un pouvoir sans limites, le décret pourrait-il être inconstitutionnel ?

M. Duverdy oublie ce qu'il a reconnu lui-même (numéro du 24 mai) : « Que le Sénat a juridiction pour annuler un décret qui serait en contradiction avec les dispositions d'une loi civile. » Qu'en conclure, sinon que le décret serait annulable, si l'utilité publique, étant constatée par lui, il déclarait

expropriable ce qui n'est pas susceptible d'expropriation, ou s'il permettait à l'expropriation d'agir
en dehors des limites que lui aurait assignées la loi
de 1841 sainement entendue.

Il faut donc le reconnaître, la déclaration d'utilité publique n'est pas un acte souverain compléte-
ment inviolable, et devant lequel il faille nécessairement courber la tête. Il est subordonné à la loi,
la loi le domine, et s'il la méconnait, il doit être
annulé.

Sans doute, et nous l'avons proclamé nous-
même, ce qui sera annulé dans ce cas, ce ne sera
point la déclaration de *l'utilité en elle-même* des
travaux ou des entreprises. Il y a là une appréciation
de fait qui ne peut tomber sous la censure de cette
Cour de cassation politique appelée le Sénat ; mais
le Sénat dira que l'utilité publique, ici, n'autorise
pas l'expropriation des sources ou du cours d'eau
du département de la Marne, parce que des lois
précises, positives, y font obstacle.

Ces lois existent-elles ?

M. Duverdy le conteste. Je vais examiner ses
raisons, mais je veux d'abord ne pas laisser sans
réponse sa *théorie* sur l'utilité publique. Je m'étais
permis de croire que s'il s'agissait de la construction
d'une église ou d'une école de village, nul n'oserait
soutenir que *l'utilité de tout l'Empire* y fût intéres-

sée, et qu'on pût leur asservir le territoire entier de la France.

« Je suis cet audacieux, dit M. Duverdy. Oui il est d'utilité publique pour tout l'Empire que les communes aient des églises où leurs habitants puissent prier Dieu, des écoles où les enfants reçoivent l'instruction qui élève le niveau intellectuel des nations ! »

Le mouvement est beau et j'y applaudis. Qui donc niera, en effet, ces grands intérêts moraux, et la solidarité qui, par eux, rattache à l'État tout entier non-seulement la commune et le hameau, mais le plus infime des citoyens.

Oui, vous avez raison ; il faut, pour maintenir la patrie commune dans les conditions de grandeur que le travail des siècles et des générations a créées, pour la faire plus grande encore s'il est possible, il faut, et c'est un intérêt public, que la prière puisse monter à Dieu dans le temple, que la parole du prêtre y fasse pénétrer dans les cœurs ces préceptes de morale qui sont la base la plus solide des sociétés. Je conviens de cela sans peine ; mais la loi veut-elle que cette utilité soit satisfaite aux dépens du pays entier ? Permet-elle, dans ce cas, de s'adresser à la bourse ou à la propriété de tous les citoyens indistinctement ? Là est la question ; là est le débat entre nous. Écartons un moment l'expropriation

pour cause d'utilité publique, et voyons comment
ces intérêts moraux reçoivent satisfaction en ce
qu'ils ont de matériel, c'est-à-dire dans la dépense
qu'ils entraînent. Quand une commune est trop
pauvre pour payer son église ou son école, est-ce
qu'on songe à y faire contribuer le département ou
l'État? Non, c'est un intérêt public *local*, *commu-*
nal ; il ne peut entraîner qu'une charge communale.
La commune emprunte, elle sollicite et obtient l'autorisation de s'imposer *extraordinairement*, et des
centimes *additionnels*, supportés par les habitants,
par les propriétés, par le territoire communal, font
face à cette charge jusqu'à ce que la dépense ait
été acquittée.

Ce que je dis là de l'église ou de l'école est vrai
des chemins de grande ou de petite vicinalité, des
routes départementales. Croit-on que l'utilité publique de tout l'Empire ne soit pas intéressée à leur
existence ? Et pourtant, c'est la commune, c'est
l'arrondissement, c'est le département qui seuls en
subissent le fardeau. Que conclure de là, sinon que
l'utilité publique d'un travail ou d'une entreprise
n'entraîne pas, comme paraît le croire M. Duverdy,
l'expropriation universelle comme une conséquence
forcée.

Mais tout cela n'est rien aux yeux de mon contradicteur. Je m'attache à démontrer que l'ensem-

ble de nos institutions, en matière de charges publiques, que la nature même des choses au sujet desquelles nous discutons, résiste à ses conclusions. Au lieu de me répondre, il me raille. « Voilà de bien grands mots, dit-il ; en fait de droit, nous préférons un article de loi, bien court et bien simple. Qu'on nous le montre ! »

M. Duverdy a la mémoire courte, car, dans mon premier travail et même dans la lettre à laquelle il répond, j'ai invoqué et l'article 3 de la loi de 1841 et l'article 12 qui parle de projets *d'intérêt public purement communal*, et il organise en conséquence un système d'expropriation concentré dans les limites de la commune, d'où j'ai conclu, avec quelque vraisemblance au moins, que mes distinctions en matière d'utilité publique n'avaient rien de chimérique.

Me suis-je arrêté là ?

Non. Il y avait autrefois, avant 1789, avant les principes immortels qui portent cette date, une maxime reçue en France ; on disait : *Intérêt public contre intérêt public ne vaut.* Croit-on que cette vérité d'alors soit devenue un mensonge ? Cela est vrai toujours. Aujourd'hui encore, si en face de l'utilité publique de la capitale, se dressait l'utilité publique d'un département tout entier, de populations nombreuses, il y aurait là deux forces contraires qui, suivant une loi bien connue, se tiendraient en échec et se neutraliseraient forcément. On dirait : *Utilité publique contre utilité publique ne vaut ;* l'une d'elles ne pouvant, ne devant pas être subordonnée à l'autre, et à tout prendre, si l'une devait être préférée, ne serait-ce pas celle de ces quarante-deux villages en possession depuis des siècles de ces eaux qu'on veut leur ravir, n'auraient-ils pas le droit d'invoquer la maxime : *In pari causâ melior est possidentis?*

Voilà ce que j'ai dit dans la dissertation qui a provoqué ce débat. Y a-t-on répondu? Pas que je sache. Et pourtant ce ne sont pas là des idées sans racines et sans point d'appui ; elles sont en harmonie avec la loi d'expropriation. Quels sont, en effet, la raison d'être et le but de cette loi? Sa raison d'être, c'est la suprématie de l'intérêt public sur l'intérêt privé ; c'est l'immolation de l'individu à l'État, du droit individuel au droit collectif; son but, c'est de vaincre la résistance de la propriété privée, individuelle ; qu'elle agisse là où l'utilité publique rencontre comme obstacle l'intérêt privé, rien de mieux ; mais qu'elle puisse s'imposer à des intérêts agglomérés, collectifs, et qui peuvent légitimement, eux aussi, dire : *Nous sommes l'utilité publique !* la chose peut au moins paraître douteuse, on l'avouera, et elle vaut la peine que le Sénat le dise.

Est-ce tout?

Non; l'expropriation appelle l'indemnité. Qui in-

demnisera-t-on, si l'on exproprie les cours d'eau?
Les riverains et les usiniers seulement? Ce serait
une souveraine injustice; disons mieux, une violation manifeste de la loi. Car l'*usage* est commun à
tous, car des territoires tout entiers profitent de ces
eaux qui les fécondent. Or, cherchez, dans la loi
d'expropriation, un texte qui ait prévu une telle hypothèse; essayez de la mettre en action dans les diverses phases que traverse sa procédure, vous ne
trouverez rien, preuve évidente que la loi n'a pas
été faite pour un tel cas, et qu'elle résiste à son application. Voilà ce que je disais et ce que je répète.

Direz-vous que ce ne sont pas là des textes, soit;
en voici un qui s'applique aux sources mêmes que
la Ville a achetées pour supprimer le cours d'eau,
et avec lui les objections fondées sur l'article 714
du Code Napoléon ; ce texte, c'est celui de l'article 643 : « Le propriétaire de la source ne peut en
« changer le cours, lorsqu'il fournit aux habitants
« d'une commune, village ou hameau, l'eau qui leur
« est nécessaire. » Vainement donc on objectera
qu'il ne s'agit pas de l'expropriation de la source,
mais de sa dérivation vers Paris, du changement de
son cours, c'est-à-dire de l'exercice, par la Ville,
du droit absolu de propriété qu'elle tient de son acquisition. Absolue ! son droit ne l'est pas; il est limité par l'intérêt collectif des habitants des communes

aux besoins desquelles ces eaux sont, non pas nécessaires seulement, mais indispensables.

Cet article 643, quel en est le vrai sens ? Évidemment celui-ci, que les eaux de source elles-mêmes,
sans qu'on s'inquiète de savoir si elles sont ou non
les affluents d'une rivière non navigable ni flottable,
affectent le caractère d'eaux publiques quand elles
servent non aux besoins d'un seul ou de plusieurs
usiniers ou riverains, mais quand elles sont *utiles
ou nécessaires à des êtres collectifs*, comme *les communes, les villages* ou *les hameaux*. Cela seul ne
suffit-il pas pour démontrer à quel point l'hypothèse
débattue aujourd'hui diffère de l'espèce jugée en
1858 par la Cour de cassation et la Cour de Paris
en faveur de la Compagnie des Eaux du Hâvre ;
cela ne prouve-t-il pas, en même temps, à quel
point est injuste le reproche de contradiction que
M. Duverdy m'adresse à ce sujet. Il se trompe sur
ce point comme sur les autres : je n'ai pas alors
soutenu la thèse contraire à celle que je défends aujourd'hui. La discussion, devant la Cour de Paris,
roulait pour ainsi dire exclusivement sur la question de savoir si, en l'absence des travaux apparents
exécutés par lui ou ses auteurs sur le fonds qu'il
voulait asservir, le sieur Hubin avait pu acquérir
une servitude. Mais eût-il alors, comme à Rouen,
allégué le caractère public que revêtent les eaux de

sources quand elles se sont mêlées à une rivière publique, je lui aurais répondu avec l'article 643 du Code Napoléon : « Ce caractère, il n'est pas absolu, « il est relatif. » Oui, elles devraient être considérées comme des eaux publiques, si on en revendiquait l'usage au nom des besoins indispensables d'une commune ; mais relativement à vous, simple individu, elles n'ont pas perdu leur caractère d'eaux privées ; leur propriétaire a pu les vendre , et leur maître nouveau peut en changer le cours sans que vous ayez le droit de vous plaindre. Ce n'est point à vous, ce n'est point à des intérêts privés que l'article 643 vient en aide, c'est à des intérêts collectifs, ceux des communes rurales, qui représentent l'agriculture, c'est-à-dire la force et la vie du pays.

C'est là ce que j'oppose à la Ville de Paris. Comment ne comprend-on pas que la partie n'est pas égale entre elle et ces populations rurales, dont les représentants semblent devenir suspects parce qu'ils essaient de défendre leurs droits menacés. Elles sont faibles et leur faiblesse même devrait les protéger ; mais elles n'ont pas besoin de ce triste privilége de la pitié : la loi est égale pour tous, et si l'intérêt doit peser dans la balance, elles ne craignent pas la comparaison.

De quoi s'agit-il pour elles ; de savoir si elles seront privées de cette eau nécessaire à leur vie au

même degré que l'air qu'elles respirent, et cela
pour que la grande cité ne soit plus alimentée par
l'eau de la Seine, dont les générations éteintes se
sont contentées, mais qui a vieilli et à laquelle des
savants respectables trouvent aujourd'hui mille in-
convénients. Il est vrai que d'autres les défendent
encore et les déclarent préférables à tout. En telle
sorte que pour Paris les eaux de la Somme-Soude,
de la Dhuis et des autres cours d'eau, c'est le *luxe*,
tandis que, pour les populations auxquelles on les
enlève, c'est l'indispensable et impérieuse *nécessité*.

M. Duverdy voulait des textes; en voilà un,
j'imagine, et il n'est pas le seul. Qu'il ne croie pas
avoir effacé du débat l'article 714 du Code Napoléon, et les déductions que j'en ai tirées. Il cite en
vain Grotius et ses définitions, il ne fera pas qu'aux
yeux de la Cour de cassation et du Conseil d'État,
les cours d'eau non navigables ni flottables ne soient
res nullius; que la propriété n'en appartienne à
personne ; que l'usage n'en soit commun à tous, et
qu'une logique inflexible n'en interdise l'expropriation, car les *exproprier* c'est les *approprier* à la
Ville de Paris, c'est en faire sa propriété exclusive,
là où la loi déclare que cette propriété n'est et ne
peut être à personne, c'est lui en conférer *l'usage
exclusif*, tandis que cet usage doit être commun à tous.

Ce n'est pas d'aujourd'hui que les eaux courantes

sont rangées au nombre des choses inaliénables et qui constituent ce que les jurisconsultes appellent la *communauté négative.* Les Institutes les nomment *res nullius* ; l'air que nous respirons a, lui aussi, ce caractère. Supposons que la science crée un moyen puissant et ingénieux à l'aide duquel l'air d'une contrée puisse être aspiré et distribué aux habitants d'une autre contrée, et qu'il prenne un jour fantaisie à la Ville de Paris de dire : « L'air de la Champagne est plus pur, plus vivifiant que le mien ; je l'exproprie pour cause d'utilité publique ! » Je ne sais ce qu'en diraient les savants, mais qu'en penseraient les jurisconsultes?

L'hypothèse est forcée, dira-t-on, elle est chimérique. Soit ; mais elle exprime néanmoins avec énergie ce qu'il y a d'excessif, d'injuste et de contraire à la loi dans l'entreprise actuelle de la Ville de Paris sur les eaux courantes de la Champagne. En droit, l'air et l'eau courante sont de même nature, les mêmes principes les régissent, et l'un n'est pas plus que l'autre susceptible d'expropriation pour cause d'utilité publique.

Je n'ai aucune prétention à la science, et ne me crois pas une autorité infaillible. Mais il est une chose dont je puis répondre, c'est la sincérité et le désintéressement de mes opinions. Ceux qui me connaissent ne me croiront pas, j'en suis sûr, capable de créer des théories à plaisir et uniquement en vue d'intérêts qui me sont chers. Ma conviction est depuis longtemps acquise aux idées que j'essaie de faire triompher. J'ai cru et je crois encore qu'il était de mon devoir de les exposer publiquement, alors que les idées contraires menaçaient d'une ruine, à mon avis certaine, les populations incapables de se défendre et qui devaient compter sur leurs représentants légaux. Si j'ai signé, en même temps que de mon nom et de mon titre d'avocat, de cet autre titre de *conseiller général de la Marne,* dont nos contradicteurs se sont uniquement souvenus, c'est par un sentiment de loyauté qui méritait peut-être un autre accueil.

J'ai rempli un devoir ; je l'ai rempli longuement, me dit M. Ch. Duverdy. Il a raison, et je m'arrête pour ne pas mériter de nouveau ce reproche. Aussi bien j'entends les lecteurs du *Droit* me dire avec le poète, et je ne veux pas m'entendre répéter :

Claudite jam rivos, pueri, sat prata biberunt.

A. MATHIEU,

Avocat à la Cour impériale.

Membre du Conseil général de la Marne.

ÉPERNAY. — TYPOGRAPHIE NOËL-BOUCART.